**Von Daniel Napp sind bei Thienemann auch folgende Bücher erschienen:**

*Dr. Brumm versteht das nicht*
*Dr. Brumm geht baden*
*Dr. Brumm steckt fest*
*Dr. Brumm fährt Zug*
*Dr. Brumm will's wissen*
*Dr. Brumm gibt Gas*
*Hinterher!*
*Supadupa-Schwein*
*Schnüffelnasen an Bord*
*Schnüffelnasen auf Schatzsuche*
*Pellepau – Peeperkorns Reise um die Welt*

Daniel Napp:
Dr. Brumm feiert Weihnachten
ISBN 978 3 522 43662 5

Einband- und Innentypografie: Michael Kimmerle
Schrift: Scala Bold
Reproduktion: Photolitho AG, Gossau/Zürich
Druck und Bindung: Livonia Print, Riga

6. Auflage 2017

FSC MIX Papier aus verantwortungsvollen Quellen FSC® C002795

www.thienemann.de
www.daniel-napp.de

Daniel Napp

# DR. BRUMM FEIERT WEIHNACHTEN

Thienemann

Dr. Brumm, Pottwal und Dachs haben sich auf den Weg gemacht, um den allerschönsten Weihnachtsbaum im ganzen Wald zu suchen.

»Unten breit und oben spitz muss er sein«, sagt Dachs.

»Nicht zu groß und nicht zu klein«, blubbert Pottwal.

»Und dunkelgrün leuchten soll er«, sagt Dr. Brumm.

Endlich haben sie ihren Baum gefunden! Doch als Dr. Brumm und Dachs die Säge ansetzen wollen, stapft plötzlich Bauer Hackenpiep auf sie zu.

»Den Baum dürft ihr nicht fällen!«, brüllt er.

»Aber warum denn nicht?«, blubbert Pottwal.

»Weil es streng verboten ist!«, sagt Bauer Hackenpiep. »Und jetzt verschwindet, sonst lasse ich den Hund von der Leine!«

»Tonnerwetter!«, sagt Dr. Brumm.

»Streng verboten, papperlapapp!«,
sagt Dachs zu Hause. »Im Wald
gibt es doch genug Bäume. Wenn es
draußen dunkel wird, gehen wir zurück
und holen uns unseren Baum.«
Und so ziehen sie sich am Abend
wieder die warmen Sachen an und
kehren zurück in den Wald.

HUUUUUCH!

»Wo ist denn unser Baum hin?«,
ruft Dr. Brumm.
»Jemand hat unseren Baum gefällt!«,
schimpft Dachs.
»Aber wir haben ihn doch zuerst
gefunden«, blubbert Pottwal.
Da entdecken die Freunde frische
Fußspuren im Schnee. Sie folgen
ihnen, bis sie plötzlich ...

Achtung Hund!
Keine Werbung
BETRETEN VERBOTEN
Keine Vertreter!

... vor einem Haus am Waldrand stehen.
»Potzblitz!«, blubbert Pottwal. »Jetzt wissen wir, wer unseren Baum gefällt hat.«
»Von wegen streng verboten«, sagt Dachs. »Bauer Hackenpiep hat uns reingelegt und uns unseren schönen Baum einfach vor der Nase weggeschnappt!«
»Tonnerwetter!«, sagt Dr. Brumm.
Aber Dachs hat schon einen schlauen Plan: »Bestimmt gehen die Hackenpieps heute noch in die Kirche. Und dann holen wir uns unseren Baum zurück!«
Pottwals Wasser ist schon fast gefroren, als die Hackenpieps endlich das Haus verlassen. Schnell zwängt sich Dachs durch das offene Kellerfenster und öffnet Dr. Brumm und Pottwal die Tür.

»Du schwimmst hier Schmiere, während wir den Baum holen«, sagt Dachs zu Pottwal. »Falls die Hackenpieps zurückkehren, blubberst du so laut du kannst.«

Auf dem Weg ins Wohnzimmer
kommen Dr. Brumm und Dachs
an der Küche vorbei.

Im Ofen schmort eine große, goldbraune Weihnachtsgans. Sofort fängt Dr. Brumms Magen an zu knurren.



»Los, weiter«, sagt Dachs.

»Ich will doch nur mal riechen«, sagt Dr. Brumm.

KLAPP! Schon ist die Ofentür auf.

Wie herrlich es plötzlich nach gebratenen Äpfeln und Rotkraut duftet!

»Eine klitzekleine Gänsekeule können wir doch essen, ohne dass es den Hackenpieps auffallen wird«, sagt Dr. Brumm.

»Na ja«, sagt Dachs. »Eine kleine Stärkung vor der Schlepperei kann eigentlich nicht schaden.«

LLL!

Dr. Brumm und Dachs haben
die ganze Weihnachtsgans verputzt.
Jetzt dösen sie müde und
satt vor sich hin.

zZZzz ... zZZzz ... zZZzz ...

Doch plötzlich blubbert
es aus dem Flur:

## »Die Hackenpieps kommen zurück!«

Und der Baum ist noch nicht einmal abgeschmückt!
»Das schaffen wir nie!«, sagt Dr. Brumm.
»Ich kümmere mich um den Baum«, ruft Dachs.
»Überleg du dir, wie du die Hackenpieps ablenken kannst.«
Dr. Brumm durchsucht schnell alle Schränke.
In einer Schublade findet er das Weihnachtsmann-Kostüm von Bauer Hackenpiep. Und da hat Dr. Brumm auf einmal eine tolle Idee.

# »HO, HO, HOOO!«

Die Hackenpieps staunen nicht schlecht, als plötzlich der Weihnachtsmann in ihrem Flur steht.
»Seid ihr auch immer schön brav gewesen?«, fragt der Weihnachtsmann. »Oder wollt ihr meine Rute spüren?«

»Schnell, gib ihnen die Geschenke«, blubbert es aus dem Sack des Weihnachtsmanns.
»Ho, hooo! Mein sprechender Sack sagt mir, dass ihr brav gewesen seid und eure Geschenke bekommen sollt.«
Jetzt sind die Hackenpieps aber neugierig …

Bauer Hackenpiep packt sein Geschenk zuerst aus.
»Ein Modellschiff aus abgenagten Gänseknochen. Wie seltsam«, murmelt er.
»Und sieh nur«, sagt Frau Hackenpiep zu ihrem Mann.
»Das Kleid hier ist das gleiche, das du mir zum Geburtstag geschenkt hast. So ein Zufall.«
»Vorsicht!«, blubbert es plötzlich.
Da hat der Weihnachtsmann kurz nicht aufgepasst und schon hat Bauer Hackenpieps Tochter Pottwal entdeckt! Freudig zieht sie das Glas aus dem Sack.
»So einen Goldfisch wollte ich schon immer haben«, ruft sie.
»Schöne Bescherung«, blubbert Pottwal.

»Aber den Burschen kenn’ ich doch!«,
sagt Bauer Hackenpiep.
»Du gehörst doch zu den Kerlen, die heute
den Baum fällen wollten. Und jetzt brichst du
hier in mein Haus ein?«
Pottwal blickt verzweifelt zum Weihnachtsmann.
»Tonnerwetter!«, donnert da auf einmal der
Weihnachtsmann los. »Was muss ich hören?
Einen Einbrecher haben wir hier?«

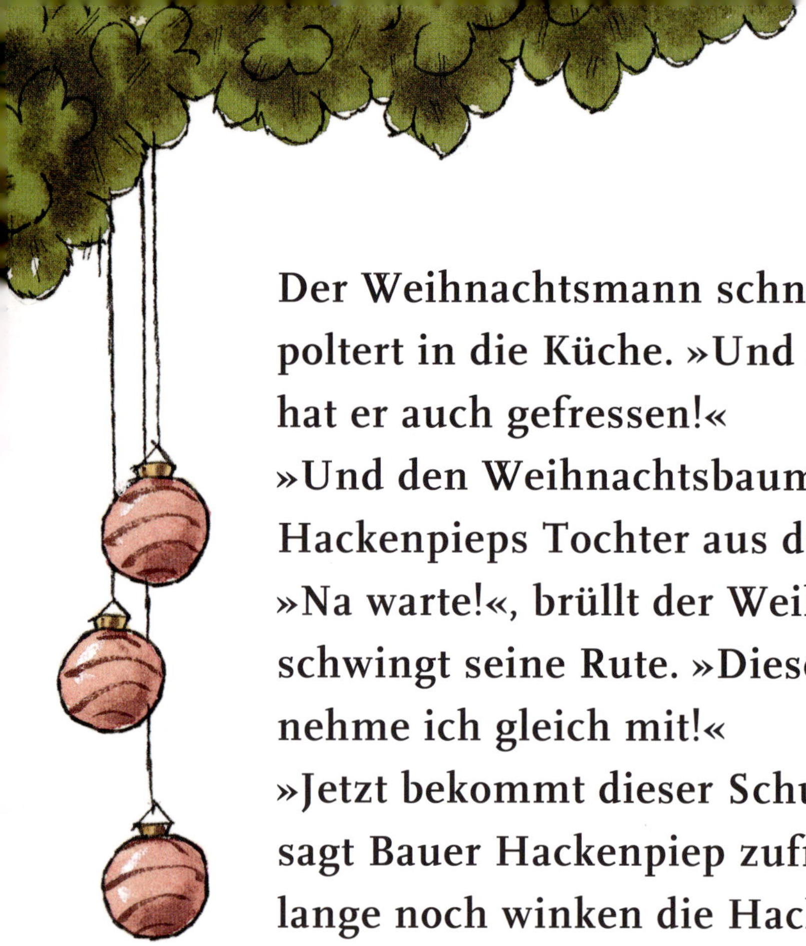

Der Weihnachtsmann schnappt sich Pottwal und poltert in die Küche. »Und seht nur. Eure Gans hat er auch gefressen!«
»Und den Weihnachtsbaum geklaut!«, schreit Hackenpieps Tochter aus dem Wohnzimmer.
»Na warte!«, brüllt der Weihnachtsmann und schwingt seine Rute. »Diesen bösen Goldfisch nehme ich gleich mit!«
»Jetzt bekommt dieser Schuft, was er verdient«, sagt Bauer Hackenpiep zufrieden. Und lange noch winken die Hackenpieps dem Weihnachtsmann hinterher.

»Frohe Weihnachten!«,
wünscht Dr. Brumm seinen
Freunden auf dem Heimweg.
»Frohe Weihnachten!«, sagt Dachs.
»Frohe Weihnachten!«, blubbert Pottwal.
»Das war übrigens eine gute Idee, mir
alles in die Schuhe zu schieben.«
»Danke«, sagt Dr. Brumm. »Und ich habe
noch eine gute Idee: Nächstes Jahr holen wir
unseren Baum einfach schon im Sommer.«
»Jetzt feiern wir aber erst mal dieses
Weihnachten zu Ende«, sagt Dachs. »Und
zwar mit dem allerschönsten Weihnachtsbaum
auf der ganzen Welt!«

Und genau das tun
sie dann auch.